家庭早期干预指南系列丛书
智力残疾儿童

主　编：王　娜
副主编：常玉林
中国残疾人联合会　组织编写

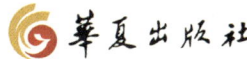

图书在版编目（CIP）数据

智力残疾儿童 / 王娜主编；常玉林副主编 . — 北京 : 华夏出版社有限公司，2023.12（2025.4重印）

（家庭早期干预指南系列丛书）

ISBN 978-7-5222-0577-9

Ⅰ. ①智… Ⅱ. ①王… ②常… Ⅲ. ①智力障碍－儿童－早期干预－指南 Ⅳ. ① G764-62

中国国家版本馆CIP数据核字（2023）第208161号

家庭早期干预指南系列丛书 ： 智力残疾儿童

作　　者　王　娜
副 主 编　常玉林
责任编辑　黄　欣

出版发行　华夏出版社有限公司
经　　销　新华书店
印　　装　三河市万龙印装有限公司
版　　次　2023年12月北京第1版
　　　　　2025年4月北京第2次印刷
开　　本　880×1230　1/24开
印　　张　3.5
字　　数　71.5千字
定　　价　28.00元

华夏出版社有限公司　　地址：北京市东直门外香河园北里4号　邮编：100028
　　　　　　　　　　　网址：www.hxph.com.cn　　电话：（010）64618981
若发现本版图书有印装质量问题，请与我社营销中心联系调换。

家庭早期干预指南系列丛书

编委会

主　任：冯　力　梁　巍
副主任：张　皓　邓　猛　周红玲
成　员：（按姓氏笔画排序）
　　　　刀维洁　王　娜　王国光　许家成　张悦歆　贾美香　董　蓓

《智力残疾儿童》分册

主　编：王　娜
副主编：常玉林
编　者：黄起凤　杜巧新　安雪辉

这本书
将带给你什么

　　0—6岁是儿童大脑、智力、社会适应能力发展最迅速的时期，在此时期对智力残疾儿童进行科学、有效的干预，有利于最大限度地补偿缺陷、改善功能以及发挥潜能。然而，家长在养育智力残疾儿童的过程中势必面临诸多挑战。帮助家长在儿童的早期教育阶段，用正确的心态、方式和策略去支持儿童，是编写本书的主要目的。

　　家长可以将此书作为自己的床头书，当您感到无力、迷茫，面对诸多问题不知该如何解决时，可以从书中的案例分析、常见问答、科普资讯和互动妙招等栏目中寻找支持或答案，还可以将孩子的点滴进步记录于书中。前辈家长们的经历和科学有效的策略，将对您大有启发。

　　愿每个智力残疾儿童和家长都能坚定前行！

成长故事

新新，女孩，唐氏综合征患者。她是家里的第一个孩子，母亲为高龄产妇，但孕期及围产期并未发现异常，出生时顺产，无窒息和黄疸现象。出生后3个月去儿保科检查，被发现患有唐氏综合征。父母虽然痛苦，但对于新新的情况最终能坦然接受。妈妈会通过网络或书籍主动学习智力残疾儿童的养育方法。新新10个月会坐，1岁会爬，1岁10个月能够独走自如，2岁2个月开始进入机构进行康复训练。

评估检查：康复训练前进行格赛尔（Gesell）发育评估，适应性领域发育商为57分，大运动发育商为65分，精细动作发育商为62分，语言发育商为53分，个人—社会发育商为76分；婴儿—初中学生社会生活能力评估为轻度低下。

新新是个比较胆小的女孩，在陌生环境中比较害羞，但在家中比较霸道。由于当时还没有语言表达能力，当家人没有理解她的意思或需求未被满足时，她就会出现发脾气、乱扔东西等行为。

根据新新的情况，机构给她安排了认知训练、语言训练和感觉统合训练的个训课程。除此之外，每天从机构回家后，妈妈会根据当天的训练内容，给她进行复习和泛化。而生活自理能力和社会技能方面的训练，更多的是老师指导妈妈在日常生活中进行。针对新新在家常常出现的问题行为，妈妈按照老师的建议去处理，渐渐地，新新发脾气的行为慢慢减少了。新新妈妈性格开朗，经常带她参加一些活动或聚会，因此新新

的性格也慢慢地活泼开朗起来。经过家庭和机构的共同努力,一年后,新新的进步非常大,语言能力进步尤为明显,可以使用简单句子进行表达和沟通。

　　新新顺利进入普通幼儿园,在园表现良好,能够主动向老师表达需求,也能和小朋友互动与分享,能够遵守课堂纪律,能够参与游戏活动。上幼儿园期间,新新每周还是会坚持两个半天的机构康复,一直到入学。新新一直在普通小学随班就读,现在已经是小学四年级的学生了!妈妈在新新3岁时生了小弟弟,小弟弟很健康,姐弟俩关系非常亲密,一家人生活得非常幸福!

目 录

第一章　揭开面纱：走近智力残疾

　　第一节　认识发育迟缓和智力残疾　02
　　第二节　面对智力残疾的常见疑问　10

第二章　科学育儿：掌握有效方法

　　第一节　养育智力残疾儿童，家长需要做好哪些准备？　18
　　第二节　促进儿童健康生活　22
　　第三节　科学处理智力残疾儿童常见的情绪行为问题　26

第三章 问题解决：突破核心障碍

  第一节 智力的障碍 36

  第二节 适应行为的障碍 53

第四章 一路同行：周边支持体系

  第一节 家庭支持 68

  第二节 医疗与康复支持 69

  第三节 融合教育支持 71

第一章

揭开面纱：走近智力残疾

第一节 认识发育迟缓和智力残疾

怎样发现孩子早期的智力问题？

作为家长，我们可以观察孩子的外貌、动作、语言、思维、情绪、学习、人际关系和生活自理能力等方面的情况。

观察的具体内容涉及外观与运动、语言、认知和生活能力，包括：是否存在明显的体格发育不足、特殊面容；抬头、翻身、坐、爬、站立、走路等动作发展是否缓慢；手的动作是否笨拙、协调能力差；是否相应年龄段不会说话、词汇贫乏、不会数数，不能与同龄儿童一起玩，不会自己上厕所、穿衣、吃饭，等等。

如果孩子在以上这些方面存在落后现象，家长应该注意。

此外，家长可利用《儿童心理行为发育问题预警征象筛查表》为孩子自测有无发育问题，根据年龄查看就可以哦！

儿童心理行为发育问题预警征象筛查表

年龄	预警征象		年龄	预警征象	
3月龄	1. 对很大的声音没有反应 2. 不注视人脸，不追视移动的人或物品 3. 逗引时不发音或不会笑 4. 俯卧时不会抬头	☐ ☐ ☐ ☐	2岁半	1. 兴趣单一、刻板 2. 不会说2—3个字的短语 3. 不会示意大小便 4. 不会跑	☐ ☐ ☐ ☐
6月龄	1. 发音少，不会笑出声 2. 紧握拳松不开 3. 不会伸手抓物 4. 不能扶坐	☐ ☐ ☐ ☐	3岁	1. 不会双脚跳 2. 不会模仿画圆 3. 不会玩"拿棍当马骑"等假想游戏 4. 不会说自己的名字	☐ ☐ ☐ ☐
8月龄	1. 听到声音无应答 2. 不会区分生人和熟人 3. 不会双手传递玩具 4. 不会独坐	☐ ☐ ☐ ☐	4岁	1. 不会说带形容词的句子 2. 不能按要求等待或轮流 3. 不会独立穿衣 4. 不会单脚站立	☐ ☐ ☐ ☐
12月龄	1. 不会挥手表示"再见"或拍手表示"欢迎" 2. 呼唤名字无反应 3. 不会用拇指食指对捏小物品 4. 不会扶物站立	☐ ☐ ☐ ☐	5岁	1. 不能简单叙说事情经过 2. 不知道自己的性别 3. 不会用筷子吃饭 4. 不会单脚跳	☐ ☐ ☐ ☐
18月龄	1. 不会有意识叫"爸爸"或"妈妈" 2. 不会按要求指人或物 3. 不会独走 4. 与人无目光交流	☐ ☐ ☐ ☐	6岁	1. 不会表达自己的感受或想法 2. 不会玩角色扮演的集体游戏 3. 不会画方形 4. 不会奔跑	☐ ☐ ☐ ☐
2岁	1. 不会说3个物品的名称 2. 不会扶栏杆上楼梯/台阶 3. 不会按吩咐做简单事情 4. 不会用勺吃饭	☐ ☐ ☐ ☐			

智力残疾儿童有什么典型发育特点？

智力残疾儿童生理方面的发育在幼儿期有的与健全儿童差异不大，但智力残疾程度越重，差距会越大。其发育特点与程度和年龄有关，不同年龄有不同的特点。

🌱 新生儿期（0—1个月）

- 仅重度和有某些遗传性疾病的儿童能够通过外貌差异被发现。
- 以下行为须引起注意：尖叫、僵直、嗜睡、吐奶、吸吮与吞咽有困难、无进食要求等。

🌱 婴幼儿期（1个月—3岁）

- 重度智力残疾儿童身高、体重、头围等体格发育会落后于健全儿童。
- 心理行为的发展不平衡，发育有早有晚，差异较大。
- 最突出的表现是运动、语言及认知能力的落后。

学龄前期（3—6岁）

此时，大部分智力残疾儿童已经表现出发育迟缓：

- 大运动能力低下，走、跑、跳、投、扔、骑车等动作笨拙；手指精细运动能力差，写字、描画等动作笨拙。
- 认知能力低下。例如在生活中注意力、记忆力、思维能力、问题解决能力较同龄儿童低下。
- 语言表达和理解能力发育迟缓，说话晚。
- 社会适应能力差。不认生，喜欢亲近别人，特别是先天性愚型儿童；交往能力差，不能适应集体活动；以自我为中心，自控能力差，判断他人的意图、立场的能力低下；与人交往时缺乏耐性。
- 生活自理能力弱。依赖性强，例如进食、着衣、大小便、睡眠、个人卫生处理等方面均有不同程度的落后。

发育迟缓

Tips 科普栏

3—6岁儿童的认知能力在生活中处处可以观察到。
- 基本辨别能力：能够识别大小、颜色、形状；
- 分类能力：如将苹果与香蕉视为水果类，将白菜和黄瓜视为蔬菜类；
- 注意力：同一活动维持3—5分钟；
- 记忆力：能够记住常见的儿歌、古诗等，能够叙述之前发生的事情；
- 数字概念：会数数、点数，认识数字，能进行加减计算；
- 解决问题的能力：能够综合解决问题，如一个新玩具的使用，一项新活动的开展。

家长如何看待诊断结果？

在医院做了很多检查，最终医生给出孩子"存在智力障碍/发育迟缓/精神发育迟滞"等诊断时，家长可能并不知道医生是从哪方面来判断的。

智力残疾儿童的诊断工具主要是智力（发育）量表和社会适应能力检查量表。下面我们以格赛尔（Gesell）发育诊断量表和婴儿—初中学生社会生活能力量表为例，带着家长一起解读。

Gesell 发育诊断量表报告单

姓名　小小　　出生日期　2020/01/15　　检查日期　2023.08.04
性别　男　　　检查年龄　3岁6月19天

评估结果

能区	适应性	精细动作	语言	个人—社会	大运动
DA	26.35	27.00	19.05	30.00	27.60
DQ	61	63	44	70	64
评价	轻度发育迟缓	轻度发育迟缓	中度发育迟缓	轻度发育迟缓	轻度发育迟缓

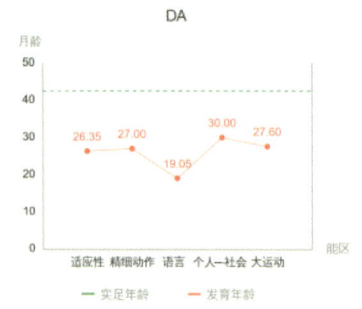

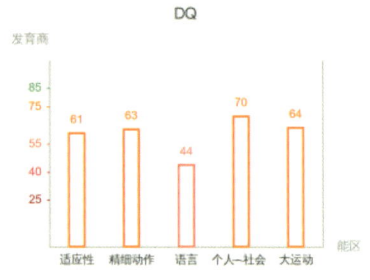

第一章 揭开面纱：走近智力残疾

上图是一张格赛尔发育诊断量表报告单，诊断对象小小，42.6个月。

适应性是最重要的能力，是儿童对物体的组织、相互关系的理解以及知觉、解决问题能力的反映，是未来智力的先驱。小小在此领域的表现相当于26.35个月健全儿童的能力水平，发育商为61分。

精细动作是测试手和手指抓握、操纵物体、手眼协调等能力。小小在此领域的表现相当于27个月健全儿童的能力水平，发育商为63分。

语言是测试儿童语言理解及语言表达能力。小小在此领域的表现相当于19.05个月健全儿童的能力水平，发育商为44分。

个人—社会是测试儿童应人及自理能力的水平。小小在此领域的表现相当于30个月健全儿童的能力水平，发育商为70分。

大运动是测试姿势反应，头的稳定，坐、站、爬、走等粗大运动能力。小小在此领域的表现相当于27.60个月健全儿童的能力水平，发育商为64分。

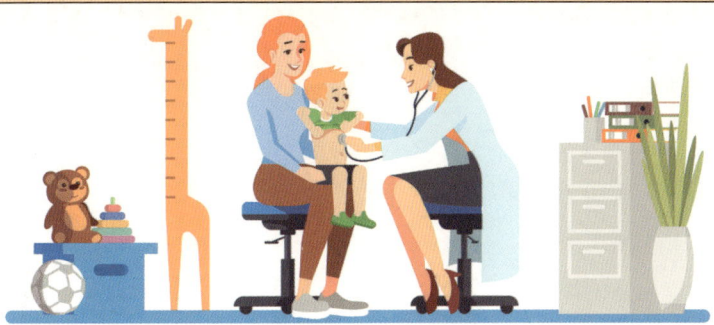

婴儿—初中学生社会生活能力量表

编　号：　　　0　　　　　　　　　　　病历号：

姓　名：　小小　　出生日期：2020-01-15　　检查日期：2023-08-04
性　别：　男　　　临床诊断：

测试结果：

	粗分	标准分	参考评价
独立生活	12	9	边缘
运　动	3	8	轻度异常
作业操作	3	8	轻度异常
交　往	4	8	轻度异常
集体活动	4	8	轻度异常
自我管理	1	7	中度异常
总　分	27	8	轻度异常

签名　测试岗　　　　日期：2023-08-04

　　这是一张婴儿—初中学生社会生活能力量表报告。小小在日常生活中的独立生活、运动、作业操作、交往、集体活动、自我管理等存在边缘—轻度—中度异常。总分8分，社会适应能力属于轻度异常。

0—6岁儿童常用智商测定工具有：
- 格赛尔发育诊断量表（0—6岁）
- 贝利婴幼儿发展量表（2—30个月）
- 韦氏幼儿智力量表（2.5—7岁）
- 0—6岁儿童神经心理发育量表（0—6岁）
- 格里菲斯发育评估量表（0—8岁）
- CDCC婴幼儿发育量表

……

0—6岁儿童社会适应能力测试工具有：
- 儿童适应性行为评定量表
- 婴儿—初中学生社会生活能力量表

……

智力残疾儿童可能遇到的挑战有哪些？我的孩子残疾程度重吗？

智力残疾儿童彼此差异较大，表现出的问题程度也各不相同，从极轻微到十分严重。轻者大多是在上小学后由于学习跟不上而被发现，重者则不具备起码的生活能力。国际上最常使用的是按智力残疾程度分类的方法。

根据发育商（智商）和适应性得分判断儿童的智力残疾程度，分为一级、二级、三级和四级。具体分级见下表：

级别	智力发育水平		社会适应能力	
	发育商（DQ）0—6岁	智商（IQ）7岁及以上	适应行为（AB）	WHO-DAS 分值
一级	≤25	<20	极重度	≥116
二级	26—39	20—34	重度	106—115
三级	40—54	35—49	中度	96—105
四级	55—75	50—69	轻度	52—95

适应行为表现：

极重度——不能与人交流，不能自理，不能参与任何活动，身体移动能力很差；需要环境提供全面的支持，全部生活由他人照料。

重度——与人交往能力差，生活方面很难达到自理，运动能力发展较差；需要环境提供广泛的支持，大部分生活由他人照料。

中度——能以简单的方式与人交流，生活能部分自理，能做简单的家务劳动，能参与一些简单的社会活动；需要环境提供有限的支持，部分生活由他人照料。

轻度——能生活自理，能承担一般的家务劳动或工作，对周围环境有较好的辨别能力，能与人交流和交往，能比较正常地参与社会活动；需要环境提供间歇的支持，一般情况下生活不需要由他人照料。

第二节 面对智力残疾的常见疑问

智力残疾是什么原因导致的?

智力残疾通常不是单一原因而是多种原因综合所致,目前已确知的主要原因有:

1. 产前因素

产前指孕妇从怀孕到胎儿在子宫里发育 28 周之前的这段时间,此时对胎儿发育特别是胎儿大脑发育造成不良影响的因素主要有:遗传性疾病(染色体异常、代谢异常、近亲结婚)、孕期问题(药物影响、感染、情绪压抑、酗酒抽烟、营养不足、辐射、高龄怀孕等)。

2. 围产期因素

围产期因素主要是指产程因素,指胎儿在娩出过程中所遭遇的一些有害因素,包括窒息缺氧、早产、低体重儿、滥用催产素与过期产等。

3. 出生后因素

孩子降生以后,还有许多因素会造成智力低下。中枢神经系统感染(脑炎、脑膜炎)、脑外伤、中毒等均会影响婴儿的脑发育,从而造成智力障碍。

4. 原因不明

有一部分智力残疾儿童找不到明显的致病原因。

智力残疾就是智商低吗?

智商,是一个人智力测验成绩和同龄人成绩相比的指数,是衡量个人智力高低的标准,用来表示一个人的智力水平。智商越高,说明智力水平越高;智商越低,说明智力水平越低。智商高低可分为不同的等级。但智商低不一定都是智力残疾。例如70~89分低智商儿童,处于智力残疾边缘,但不能确定为智力残疾。只有70分以下的极低智商儿童,同时社会适应存在困难,才能确定为智力残疾。

等级	智商(IQ)
超常智商	140分以上
高智商	120~139分
普通智商	90~119分
低智商	90分以下
极低智商	70分以下

智力障碍就是发育迟缓吗？

这两者不是完全等同的。

智力障碍是指在发育阶段发生的、在多个环境中表现出智力和适应功能两方面的缺陷。在第五版美国精神疾病分类与诊断标准（DSM-5）中，智力障碍分为3个亚型，分别是智力障碍、全面发育迟缓、未特定的智力障碍。

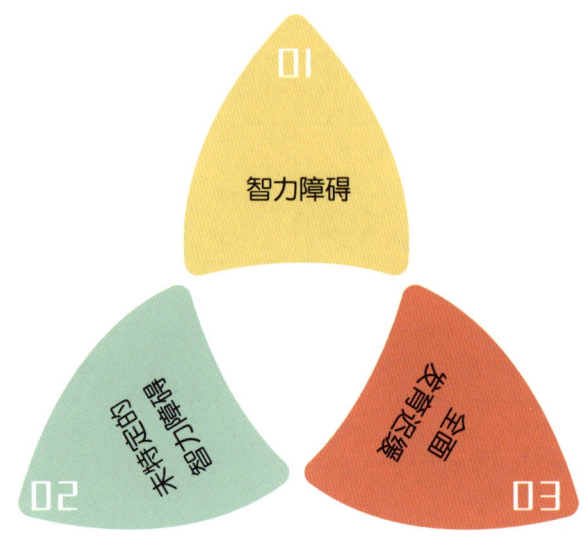

全面发育迟缓是指5岁以下儿童，在智力的2个及以上领域（如粗大运动、精细动作、语言、认知、社交和社会适应能力等）没有达到预期的发育指标，且无法接受系统性智力评估时，可给予全面发育迟缓的诊断，一般不直接诊断为智力障碍，此后需要再次评估。

很多全面发育迟缓的个体最终符合智力障碍的诊断。当然，也有全面发育迟缓的个体经过早期、系统的干预，最终不符合智力障碍的诊断。

智力残疾有药可治吗？智力残疾能治好吗？

造成儿童智力残疾的原因有很多，常见的如各种遗传代谢性疾病（苯丙酮尿症、赖氨酸代谢缺陷、枫糖症等）、内分泌疾病（先天性甲状腺功能低下等）、慢性疾病及脑部疾病等，如果智力残疾是由这类原因造成的，病因明确，就需要根据不同疾病的情况进行药物、手术等对症治疗，通过治疗可以使儿童的智力得到一定程度的恢复。

但如果智力残疾是由其他原因造成的，如先天性脑发育不良或围产期脑损伤，或者原因不明，那就不是通过药物、手术能治愈的。有些医生会开些营养神经的药物，但是只能作为辅助。智力残疾儿童的治疗以康复训练为主，因此，一旦儿童被确诊为智力障碍，就要尽早接受康复训练，以期恢复其肢体、认知、语言等方面的功能。

智力障碍会遗传吗？

根据病因不同，智力障碍的遗传性也有不同。

对于直系亲属中存在染色体数目异常等遗传因素导致的先天性智力障碍患者，其智力障碍就可能具有遗传性。

对于孕期胎儿感染各种疾病、母亲患各种疾病、分娩产伤、出生后疾病、环境等非遗传因素导致的先天性智力障碍患者，其智力障碍一般不具有遗传性。

想要减少儿童智力障碍的发生，一定要做好预防工作：避免近亲结婚；做好婚前检查、生育计划及孕前准备，优生优育；产前做好保健检查，健康生育；减少产伤的可能，做好新生儿遗传代谢病筛查，早发现、早治疗。

智力残疾的孩子能上学吗？

当然可以！

智力残疾儿童具有法律保护的就学权利。但由于客观存在的一些障碍，他们需要接受科学的康复训练，康复训练效果越好，接受教育的障碍就越小。

智力残疾儿童可根据自身的障碍程度和能力水平，选择到普通小学随班就读，或者到特殊教育学校就读。

资讯窗

《中华人民共和国义务教育法》第十九条："县级以上地方人民政府根据需要设置相应的实施特殊教育的学校(班)，对视力残疾、听力语言残疾和智力残疾的适龄儿童、少年实施义务教育。特殊教育学校(班)应当具备适应残疾儿童、少年学习、康复、生活特点的场所和设施。普通学校应当接收具有接受普通教育能力的残疾适龄儿童、少年随班就读，并为其学习、康复提供帮助。"

《中华人民共和国残疾人保障法》中强调：国家保障残疾人享有平等接受教育的权利。各级人民政府应当将残疾人教育作为国家教育事业的组成部分，统一规划，加强领导，为残疾人接受教育创造条件。

智力残疾的孩子将来能自食其力吗？

虽然社会适应能力与个体的智力水平有一定的关系，但是社会适应能力在很大程度上是可以通过后天训练来提高的。孩子社会适应能力的习得是个漫长的过程，因此，家长在孩子的康复过程中需要配合开展以下方面的训练：

1. 生活自理能力的训练

家长要认识到生活自理能力的重要性，一方面，不要溺爱孩子，不要包办孩子生活中所有的事情；另一方面，要有耐心，训练切忌急于求成。

2. 社交技能的训练

这一技能多是和培养孩子的道德规范相结合进行的。尽量从小教导智力残疾儿童如何与其他孩子交往，教他们邀请其他孩子一起玩耍，学会使用礼貌用语，遵守游戏规则，不和其他孩子争抢玩具等。逐步培养孩子和他人进行交流、遵守社会规则的能力。

3. 职业训练

对大多数智力残疾儿童来说，小学毕业后进入初中会有较大的困难，此时最好对他们进行职业教育训练，以便他们将来更好地适应社会。例如可以让他们去当地的特殊教育学校，利用特殊教育学校的职业训练设备和条件，对他们进行职业训练，为走上社会做准备。

第二章

科学育儿：掌握有效方法

第一节 养育智力残疾儿童,家长需要做好哪些准备?

家长怎样进行心理调整?

大多数智力残疾儿童的家长,从知晓自己孩子有问题到完全接纳,都会经历一个漫长且艰难的心路历程。在此过程中,家长必须调整好自己的心态,为智力残疾儿童康复的顺利开展做好准备。

(1)不溺爱和过度保护孩子。

(2)根据孩子的情况设置合理的期望值,不急于求成。

(3)积极且客观地面对孩子的障碍。

家长需要储备哪些知识及技能?

(1)了解同龄健全儿童发育和发展的一般规律。

(2)了解智力残疾儿童发育评估的内容和方法。

(3)掌握智力残疾儿童常用的康复训练方法。

怎样给孩子制定康复目标?

家长要根据孩子的实际情况和发展需求来制定合理的康复目标,目标既不能定得太高,也不能定得太低。另外,智力残疾儿童的康复是一个长期的过程,康复目标也需要不断地进行调整。不同年龄段、不同障碍程度的智力残疾儿童,其家庭康复目标可参考下表。

不同年龄段的智力残疾儿童家庭康复目标

年龄段	家庭康复目标
0—2 岁	大动作和精细动作初步发展（如爬、翻身、站立、握物、眼睛追踪、辨别音源等）；能理解别人简单的指示和命令；能用声音、姿势和简单字词来表达需求；能用单字或者双字词称呼自己的亲人和简单室内物品等；能表达饥饿、大小便需求；睡眠习惯良好。
2—4 岁	能独立行走，并具备初步的身体运动、平衡和协调能力；手眼协调能力有初步发展；能理解别人简单的语言指示和命令，并用声音、姿势和简单句子来表达自己简单的要求和愿望；能与监护人和其他亲人建立亲密关系；具备基本的礼貌；能说出自己、周围的人和室内用品的名称；能区分熟悉和不熟悉的环境；在别人的帮助和指导下能自己进食、穿衣和大小便；有良好的睡眠习惯；能辨识家庭环境中与火、电有关的物品等。
4—6 岁	跑跳中能保持平衡和协调；精细动作进一步发展（如握笔、拿勺子等）；能用简单的句子表达自己的需求；能理解别人的简单语言和指令；能识别他人的简单情绪；会使用简单的礼貌用语；能模仿他人的语言；能识别物体的常规特征（大小、形状、颜色、长短等）；具备基本的自然常识（下雨、天晴）；能分辨周围的环境；能说出简单的因果关系并初步具备生活自理能力；养成良好的卫生、睡眠等习惯。

不同障碍程度的智力残疾儿童家庭康复目标

障碍程度	家庭康复目标
极重度（一级）	让智力残疾儿童具备基本的感知觉能力、身体运动能力以及通过语言和身势语简单表达自己需求的能力。
重度（二级）	让智力残疾儿童通过家庭康复，具备基本的生活自理能力、卫生习惯，具备基本的安全意识以及简单的日常沟通交流能力，并侧重培养他们具备一定的自我照顾能力。
中度（三级）	生活基本能自理，具备良好的卫生习惯；可以通过简单的语言表达自己的需求，并理解他人的简单指令；身体协调并且运动姿态接近健全儿童；初步具备学习习惯；了解基本的生活常识。
轻度（四级）	生活可以自理，具备良好的卫生习惯；可以通过语言表达自己的需求，并理解他人的简单指令；身体协调并且运动姿态接近健全儿童；了解生活常识并能规避危险；学习一些基本知识，初步具备学习习惯，为入学做好准备。

家庭康复包括哪些内容？

1. 运动能力
指儿童有效完成身体活动的能力。运动包括大运动和精细动作。对于智力残疾儿童来说，无论是生活自理、日常沟通还是社会交往、人际互动，运动能力都是基础。运动能力的发展，能有效促进儿童大脑的发育。

2. 认知能力
这是个体认识与了解外部世界的基础，反映其处理与解决问题的能力。认知障碍是智力残疾儿童的核心缺陷，认知康复的目标是启迪认知能力（包括感知觉、注意、记忆、配对、概念形成、逻辑推理等），增加生活常识的积累。

3. 语言和沟通能力
儿童语言的发展主要包括语言理解、语言表达和沟通交流等。智力残疾儿童语言康复的目标是推动和促进其能用声音、姿势和语言等，表达自己简单的要求和愿望，并能理解别人简单的指示、命令和手势，发展其与同伴和其他成人的互动交往等。

4. 社会技能
指个体在特定社会情境中，运用已有的社会知识，有效而适当地与他人进行积极交往，以实现自己或他人互动的目标。对于智力残疾儿童，既要培养其基本社会技能（包括微笑、模仿、认识家庭成员、熟悉环境等），也要促进其高级社会技能（包括遵守社会规则、感知他人情绪、遇到困难时懂得求助、能与同伴分享、参与集体游戏等）的发展。

5. 生活自理能力
指料理个人生活、自我管理的能力，包括正确地认识自己和家庭，掌握基本的生理常识，养成良好的个人卫生习惯等，如：独立穿脱衣服、独立用餐、独立入睡、独立如厕、安全出行。对智力残疾儿童来说，自理能力的发展能提高其处理问题的能力，有助于增强其自信、促进其社会化发展。

常用的康复训练方法有哪些？

随着康复技术的发展，针对智力残疾儿童的康复手段与方法也越来越多，大致可分为以下几大类：

1. 医学康复方法

包括药物和手术（主要针对常见的各种遗传代谢性疾病、内分泌疾病、慢性病及脑部疾病等原因导致的智力障碍）、运动疗法（PT）、作业疗法（OT）、感觉统合训练、言语和语言治疗。

2. 教育康复方法

包括认知训练、社交沟通训练、行为矫正技术等。

3. 心理治疗方法

包括音乐治疗、美术治疗、游戏治疗等。

康复方法虽多，选择却要因人而异。每个智力残疾儿童的情况都是不一样的，需要在哪些方面进行康复、给予怎样的协助，必须视评估的结果来确定。有些孩子可能只需要医学康复，有些则只需要进行教育训练，也有些可能会需要综合使用多种方法。因此，家长必须综合考虑孩子的具体情况、能力水平、家庭的实际条件等，选择合适的方法进行康复。

第二节 促进儿童健康生活

孩子不爱吃饭怎么办？

不良饮食习惯、不良喂养方式以及不良环境因素是导致孩子不爱吃饭的主要原因。家长可参考使用以下方法进行改善：

1. 提高孩子的食欲

做饭时，尽量把孩子的食物搭配得生动可爱些。色彩丰富、动物造型的食物，会让孩子感到好奇，大大提高孩子吃饭的兴趣。

2. 两餐之间适量吃点零食

通常孩子会在两餐中间肚子饿，这时候家长可以适量给点零食，不宜过量，不然会影响孩子吃正餐的食欲。当孩子哭闹想多吃点零食时，家长可引导他去玩玩具，转移注意力。

3. 不责骂、不强迫

不要责骂孩子，不要强迫他吃饭，否则孩子对吃饭更加有抵触情绪。如果孩子真的不愿意好好吃饭，不妨晚点再给他吃。等孩子真正饿了，再要求他乖乖坐着吃饭，也能逐渐提高他对吃饭的兴趣和专注度。

4. 养成进餐好习惯

吃饭时不玩玩具，坐在餐椅上专心地吃饭。当孩子开始吃辅食的时候，就要为他准备专用餐桌椅，让他跟大家一起吃饭。吃完饭才能离开餐桌去玩，离开餐桌就不再吃了，不要养成追着喂的习惯。

小妙招

可以用有趣的餐具或是孩子喜爱的卡通人物餐具，将孩子的注意力转移到餐具上。和孩子玩过家家游戏，教他"炒菜""做饭"，学习自己吃饭，从而让孩子慢慢爱上吃饭。

孩子挑食怎么办？

我们可以通过以下方法来改善孩子挑食的情况：

1. "逐渐加量"法

有些孩子从小就不吃某种食物，一下子改过来不太可能，也不太现实。对这类孩子可采用"逐渐加量"的方法，比如可以从吃一点点开始，逐渐加量。

2. 故事法

在吃饭之前抽一些时间，讲一讲关于饮食的儿童故事。比如《肚子里的小人儿》，告诉孩子吃饭不能狼吞虎咽或者挑食，否则肚子里的"小人儿"就会很生气，在你的肚子里乱踢乱跳；如果你细嚼慢咽不挑食，蔬菜也好好吃，"小人儿"就会喜笑颜开。

3. 评价鼓励法

对偏食、挑食的孩子，哪怕是一点点的改变与进步，家长都要注意到，并且要给予表扬和鼓励，这样，孩子就会很高兴，从而调动其进餐积极性，促使其改正偏食和挑食的不良习惯。

孩子不爱睡觉怎么办？

孩子不爱睡觉，可能是生理原因（如白天睡觉太多等）、环境原因（如夜间睡眠环境嘈杂、灯光太亮等）或病理原因（如缺钙、身体不适等）造成的，家长要结合实际情况进行判断。如果孩子不爱睡觉是病理原因导致的，就要及时就医，以免病情加重。

家长也可以通过以下方法促进孩子的睡眠。

1. 规定睡眠时间

规定每晚上床睡觉的时间，时间一到就开始哄睡。即使孩子不想睡，也要强制他躺到床上，坚持一段时间，就会养成习惯。

2. 规律睡前活动

睡前两小时内不要让孩子过于兴奋，哄睡过程中可以选择读绘本、放舒缓的音乐、关灯、唱睡眠曲等，形成适合自己孩子的固定的睡前步骤。

3. 安排白天体力活动

让孩子白天多做一些消耗体力的运动，有助于晚上及时入睡。

4. 创造良好的睡眠环境

安静的卧室、柔软的床单、昏暗的灯光、合上的窗帘等，都有利于孩子更快更好地入睡。

Tips 科普栏

孩子不爱睡觉有可能是缺钙引起的。体内缺乏钙元素可能导致孩子长期处于兴奋状态，进而导致睡眠问题。如果是这种情况，可以补充维生素D和钙剂，多带孩子进行户外活动、晒太阳，搭配合理膳食，促进孩子的睡眠。

孩子生病了不会表达怎么办？

当不会说话的孩子生病时，家长可能会很焦虑和不安。因为孩子无法把自己的病情和感受用言语表达出来，这可能会让家长的猜测和担心加剧。

（1）家长要观察孩子是否有发烧、咳嗽、流鼻涕、拉肚子等症状，及时就医。

（2）家长在保证孩子得到及时治疗的同时，也要注意自己的情绪状态，保持冷静并积极面对问题，为孩子提供安全和舒适的环境，以帮助孩子早日康复。

（3）在孩子生病的过程中，家长要全力支持孩子，关注孩子的睡眠、营养和情绪，并且花费更多的时间陪伴孩子，让他感受到家人的关爱和温暖。

第三节 科学处理智力残疾儿童常见的情绪行为问题

壮壮，男孩，2岁半，属于发育迟缓儿童，无口语能力。第一天到康复机构，老师需要先向妈妈了解一下孩子的情况，就让壮壮在旁边的小桌子旁坐下玩玩具。其间，妈妈拿出手机让老师看孩子在医院的评估检查结果。这时，壮壮看到妈妈拿出手机，他就"噌"地一下站起来，一边嗯、嗯一边够手机（老师和妈妈是站着谈话的）。但是他试了好几次都够不到，于是就开始用自己的小拳头用力捶妈妈，但妈妈正在和老师说话，没理会他。接下来壮壮就开始大声尖叫并用手打自己的头。看到孩子打头，妈妈急了，马上一边制止一边说"别打、别打，给你手机"，就赶紧把手机给了孩子。壮壮拿到手机，马上停止尖叫和打头，高兴地坐在桌子旁玩起手机。这时妈妈无奈地跟老师说："老师，我家孩子脾气特别大，经常这样，想要什么，不给，他就尖叫打头，您说，这是不是天生的？"

这样的行为当然不是天生的，而是家长在养育过程中强化出来的问题行为。智力残疾儿童由于自身的缺陷，常常会因为沟通和理解上的困难而出现一些情绪和行为上的问题。

孩子常见的情绪行为问题有哪些？

智力残疾儿童常发生的问题行为有以下几种：
（1）攻击性行为：踢、打、咬人，抢东西。
（2）退缩性行为：胆小、害怕、羞怯、孤僻、不与人交往、逃避、恐惧等。
（3）破坏性行为：乱发脾气，破坏、摔、扔东西。
（4）自伤行为：打头、撞头、打脸、拽头发、咬自己、抓自己等。
（5）刻板行为：旋转身体、弹手指、拍头、晃手、拍手，其他重复性姿势与动作等。
（6）发脾气行为：尖叫、哭闹、打人、扔东西等。
（7）注意力分散行为：多动、坐不住、乱跑、扰乱秩序等。
（8）与进食有关的问题：挑食、拒绝食物、异食癖、呕吐等。
（9）分离焦虑行为：黏人、对父母依恋、父母离开焦虑等。

孩子为什么总是哭闹、发脾气？

哭闹、发脾气是儿童常见的问题行为，孩子为什么总是出现这些问题行为呢？如果一种问题行为反复出现，就说明这种问题行为对孩子是有用的。这种行为曾经成功地帮助孩子得到过他想要的东西，因此，每个问题行为都是有功能的。

例如，带孩子去超市，他要买糖，家长不给买，孩子开始哭闹并躺在地上打滚，家长怕引起周围人的关注，赶紧给孩子买了糖，孩子就不再哭闹了。孩子哭闹行为的目的是要糖，因此这一问题行为的功能就是获得实物。

再比如，老师拿出卡片打算教孩子进行物品指认，孩子开始大哭并且把卡片扔到地上，老师说"那我们先拼拼图，过一会儿再看卡片"，孩子停止哭闹并开始拼拼图。孩子哭闹、扔东西行为的目的是不想看卡片，因此这一问题行为的功能是逃避任务。

从上面两个例子可以看出，同样是哭闹行为，功能不一样。问题行为的功能除了获得实物和逃避任务，还可能是获得关注和获得感官刺激（自我刺激），这就是问题行为的四大功能。

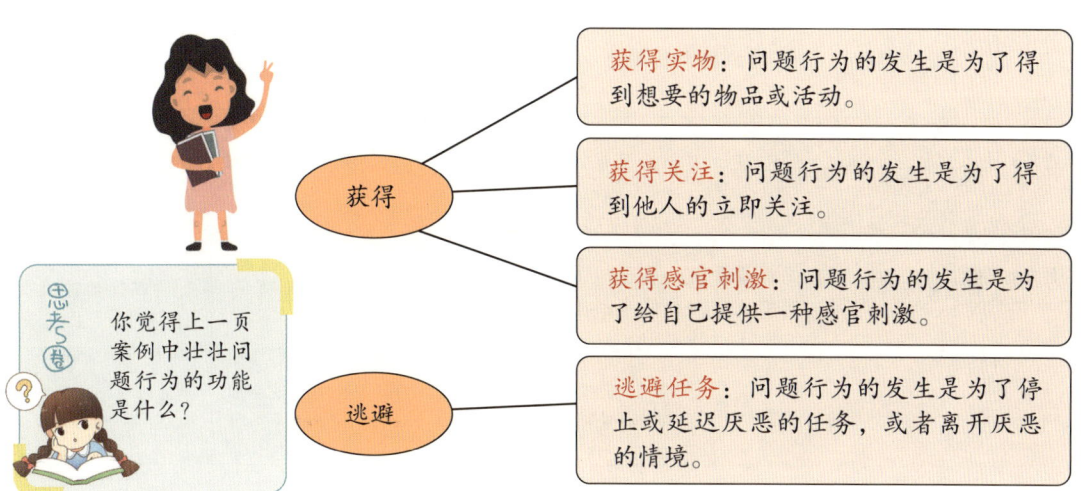

思考园

你觉得上一页案例中壮壮问题行为的功能是什么？

获得

- **获得实物**：问题行为的发生是为了得到想要的物品或活动。
- **获得关注**：问题行为的发生是为了得到他人的立即关注。
- **获得感官刺激**：问题行为的发生是为了给自己提供一种感官刺激。

逃避

- **逃避任务**：问题行为的发生是为了停止或延迟厌恶的任务，或者离开厌恶的情境。

怎样才能知道孩子问题行为的功能？

要想知道孩子的问题行为是哪种功能，就要对问题行为进行功能评估。行为功能评估的方法包括访谈法、观察法和实验法。对于家长来说，比较好理解和掌握的是 ABC 观察法。其中 A 指行为发生的"前提"，B 指"行为"，C 指行为的"结果"。具体到观察，首先要确定想解决的问题行为是什么（B），也就是问题行为的具体表现是怎么样的，比如"孩子用手打妈妈的脸"。确定问题行为之后，就要观察问题行为之前发生了什么（A），通过观察，发现孩子出现打妈妈的行为之前，妈妈一直在看手机，没有理孩子。之后，再观察问题行为发生之后的结果（C），孩子出现打妈妈的行为之后，妈妈马上放下手机，看向孩子，对孩子进行训斥。我们可以将观察的内容填到 ABC 观察记录表中，从而大概判断出问题行为的功能。如下图所示：

ABC 观察记录表

日期/时间	地点/活动	前提（A）	行为（B）	结果（C）	可能的功能
5月13日 下午3:00	超市	看到糖，想要糖	哭，倒地打滚	给他买糖	获得实物（糖）
5月13日 晚上7:30	桌子旁	妈妈拿出卡片，准备让孩子学习	尖叫，扔卡片	妈妈捡起卡片给他换拼图	逃避任务（看卡片）
5月14日 下午3:20	客厅沙发上	妈妈看手机，孩子叫了妈妈几次，妈妈没回应	孩子用手打妈妈的脸	妈妈训斥孩子	获得关注
5月15日 晚上9:25	上床睡觉	孩子自己躺在床上	用脚踢墙壁	不理他，他自己睡着了	获得感觉刺激

记录纸

家长们请观察、记录和分析一下孩子的问题行为吧！

ABC 观察记录表

日期/时间	地点/活动	前提（A）	行为（B）	结果（C）	可能的功能

怎样预防问题行为的发生？

预防就是在问题行为发生之前，通过一些方法来引发孩子的恰当行为，从而减少或者降低问题行为发生的概率。常用的预防问题行为的方法包括但不限于以下几种：

1. 功能沟通训练

我们要教孩子学会恰当表达自己需求的方法。如果孩子有口语能力，可以教他使用口语提要求。例如家长发现孩子有想吃薯片的动机，可以抓住孩子即将尖叫但还没叫出声的这一时机，马上示范说"薯片"，孩子在仿说"薯片"后，家长再把薯片给孩子吃。若孩子没有口语能力，家长可以教孩子使用手势（用手指物）或图片交换沟通系统等方式提要求。

2. 设置规则

如果孩子问题行为的功能是获得实物或喜欢的活动，我们也可以给孩子设置一些规则。例如：孩子想玩妈妈的手机，如果妈妈不给，孩子就会出现用手打自己头的行为。为了预防这种行为的发生，可以给孩子设置规则，比如"妈妈可以给你玩一会儿手机，不过你需要先把积木收进盒子里"或者"先跟妈妈学习几张卡片，你就可以玩一会儿手机"。

3. 修改任务属性

孩子为什么会逃避任务？可能这个任务孩子不感兴趣，不想做；也有可能任务较难，孩子不容易完成；或者任务太多，孩子感觉耗时太长。这些因素都可能引发孩子的问题行为。对此，我们可以修改任务，去掉这些让孩子讨厌的特点，例如：让任务变得有趣、设置符合孩子能力水平的任务难度、一次不要给太多任务等，孩子就没有那么想要逃避了。

4. 提前满足

通过提前满足孩子的动机需求来减少或降低问题行为的发生。比如，孩子打妈妈这一行为的功能是获得妈妈的关注，那妈妈可以怎么做呢？可以提前满足孩子对关注的需求。妈妈在做自己事情的时候，时不时地去关注孩子，这样就会让孩子感觉到妈妈一直在关注自己，就不再需要通过打妈妈的方式来获取妈妈的关注了。

虽然努力预防，但孩子还是出现了问题行为，我们该怎样应对？

孩子的问题行为为什么会反复出现？因为问题行为对他们来说是有用的，能够帮助他们得到想要的东西，或者帮助他们逃避不想做的任务。因此，我们想要减少或消除孩子的问题行为，就要让这些行为变得没有用。

例如：孩子通过问题行为想要手机，我们坚持不给，不管他怎么哭闹，怎么打滚，怎么打头（前提是打头不会对孩子的健康产生影响），我们都不给他。孩子想通过问题行为来得到别人关注，那么只要是在一个相对安全的环境里，我们就不给予孩子任何关注，也就是坚持忽视他，我们原本在干什么就继续干，不看他，也不需要故意把头扭向另一边。

对于具有逃避功能的问题行为，比如孩子通过扔拼图来逃避拼图这个任务，我们应该做的就是坚持让他完成任务。他不做，我们就辅助他做，比如使用肢体辅助帮他拼图，拼完才能休息或做他喜欢的活动。

科普栏 消退
Tips

> 上述这些方法都涉及行为学的一个原理——消退。
>
> 消退就是撤去某行为的强化物，该行为就会减少直至消失。消退其实就是不让孩子实现通过问题行为想达到的目的。消退是处理儿童问题行为时常用的一种方法，也是非常有效的方法，一般需要结合区分强化使用。
>
> 使用消退法时需要注意的一个现象就是消退爆发。消退爆发是指在开始实施消退的时候，问题行为发生的概率不降低反而短暂增加，或者情节比以前更严重的现象。不过这是一个很自然的过程，不用担心，继续坚持实施消退！

针对不同的问题行为，怎样选择合适的方法？

我们先梳理一下处理问题行为的思路：

第一步 确定需要干预的具体行为是什么，通过观察、记录、分析，找出这个行为的功能。

第二步 采取相应的措施，做好预防和控制，提前避免问题行为的发生。

第三步 我们还需要思考，既然孩子的问题行为不好、不对，那我们希望孩子怎么做？所以需要给孩子设定目标，让孩子学会使用恰当的合理的替代行为。

第四步 如果没有预防好、控制好，孩子的问题行为还是发生了怎么办？坚持消退，不要让孩子得逞。

处理问题行为的步骤和方法，可参考下图：

记录纸

前面我们通过 ABC 观察记录表，已基本分析过孩子某一问题行为的功能，那么家长可以根据前面介绍的方法写一写，可以使用哪些方法来减少孩子的这一问题行为。

> 结合本节案例，参考以上思路和方法，想一想怎样处理开头提到的壮壮的问题行为。

第三章

问题解决：突破核心障碍

第一节 智力的障碍

如何改善孩子的注意力？

改善孩子注意力的方法可参考：

🌱 1. 舒尔特方格游戏

用具：准备一张方形卡片，在上面画上 $1cm^2$ 大小的 9 个方格。格子里任意填写阿拉伯数字 1—9。

方法：要求儿童在规定时间内，用手指按 1—9 的顺序依次指出其位置，并读出来。方格游戏的难易程度可以根据儿童的认知能力进行调整，规定时间可根据任务的难易程度变化。

舒尔特方格

🌱 2. 角色扮演游戏

用具：家长可以根据儿童的喜好来购买或制作角色扮演的玩具。

方法：假如儿童喜欢医生玩具，可以用此类玩具与儿童进行角色扮演。儿童扮演医生，家长扮演病人，模拟就医的情境，让儿童为家长看病。

医生玩具箱

🌱 3. 球类体育运动

用具：中等大小的皮球。

方法：家长在家中或户外带着儿童进行球类体育运动，如抛接球。家长和儿童各站在一端，家长把球抛向儿童，儿童接住球后再扔向家长。此游戏的难易程度可根据儿童的能力进行调整。

抛接球

如何提升孩子的记忆力？

提升孩子记忆力的方法可参考：

1. 找相同的物品

用具：准备一些物品，如橘子、香蕉、苹果、葡萄、柠檬等水果。

方法：先呈现一种水果，让儿童看3秒，然后收起来，再摆出包括目标物在内的3种水果，让儿童找出刚才看过的水果。呈现个数及时间可以根据儿童的能力进行调整。

2. 听故事回答问题

用具：简单的儿童绘本故事。

方法：如小熊宝宝绘本故事，家长先跟儿童一起读绘本，读完请儿童回答问题，如"蓝色门里是谁在上厕所"。

如何培养孩子的配对分类能力？

培养孩子配对分类能力的方法可参考：

1. 袜子对对碰

用具：几双干净的袜子。

方法：让儿童按照颜色、长短来收拾整理袜子。家长可以根据儿童的能力，对任务难易程度进行调整。

2. 影子配对

用具：准备一些如左图所示的图片，一边为彩色的物品图片，一边为物品的影子。

方法：让儿童将物品和影子匹配起来。

3. 找朋友

用具：把相关的两个生活日用品的图片配对放在一起，如牙刷和牙膏，袜子和鞋，钥匙和门，扫把和簸箕等。

方法：把图片的顺序打乱，让儿童根据图片上物品的功能配对，即"找到它们的好朋友"。

如何培养孩子的物体恒存概念？

培养孩子物体恒存概念的方法可参考：

1. 躲猫猫

物体恒存概念的培养要从小开始，所以对于 1 岁以内的婴幼儿，我们可以通过玩简单的躲猫猫游戏，帮他们建立物体恒存的概念。

用具：一块小毛巾，一个小玩偶。

方法：家长在儿童的面前摆放小毛巾、小玩偶，并把小玩偶藏在毛巾下面，留一点露在外面，然后让儿童找。随着儿童逐渐熟悉游戏，这也意味着初级的物体恒存概念建立起来了，然后就可以升级游戏规则，直到将小玩偶完全藏起来孩子也能找到，甚至换个位置依然能找到。

2. 猜一猜

用具：3 个不同颜色的杯子，1 个小球。

方法：杯子全都倒扣，家长把球扣在其中一个杯子里，开始慢慢变换杯子的位置，让儿童猜小球在哪个杯子里。

Tips 科普栏

> 物体恒存指的就是物品离开视线范围后依旧存在。这个概念大约在儿童 6—7 个月时开始萌芽。在这之前，如果某个东西在儿童面前消失了，儿童的反应往往是若无其事，也不会去找。物体恒存概念一般的发展顺序是：先有部分物体恒存，即寻找部分隐蔽的物品；接着是基础物体恒存，即寻找眼前完全被隐藏的物品；最后是高级物体恒存，即物品连续移动时，能在物品最后消失的位置找到物品，甚至在两个以上的位置找到物品。

如何教孩子明白因果关系？

因果关系是事物之间存在的某种联系。儿童可以根据自己的经验来预测下一刻会发生的事情，这是未来发展其他高阶认知能力的基础之一。

教孩子明白因果关系的活动可参考：

1. 按压玩具

用具：可以按压的玩具，如下图。

方法：儿童知道按下按键，对应的玩具就会跳出来；知道不同按键和不同结果之间的关联。

2. 有声图书

用具：有声图书。

方法：孩子听到某人的声音，就能联想到那个人；听到某种动物的声音，就能联想到那种动物。

3. 因果关系卡片

用具：因果关系卡片，如下图所示。

方法：此类活动适于认知能力较好的儿童。可以结合日常生活情境中发生的事件，通过卡片或图画的形式，让儿童了解事件的因果关系。比如，宝宝哭了是因为饿了，要喝奶。

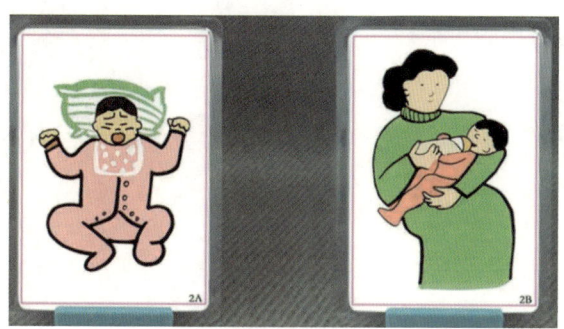

如何培养孩子的物概念？

物概念指的是认识外界一切事物的能力。可通过配对、分类、指认、命名等方法，帮助儿童建立对物品的认知，如物品名称、用途和特征等。

培养孩子物概念的活动可参考：

1. 配对游戏

用具：常见物品，如相同的杯子、牙刷、毛巾、袜子等物品各2个。

方法：如果儿童的年纪较小或者能力比较弱，可以从实物配对开始。家长让儿童把一样的物品放到一起。随着儿童能力的提高，可以逐渐提升难度，可以进行实物与图片的配对，再到图片与图片的配对。

2. 命名游戏

用具：儿童喜欢吃或者玩的物品。

方法：让儿童仿说，比如我们说"苹果"，儿童也说"苹果"，逐渐过渡到儿童看到苹果时能自己说出"苹果"。在这个过程中，家长需要不断重复，当儿童不能自己表达时，可以给予提示。

3. 功能指认游戏

用具：厨房玩具，如右图所示。

方法：根据物品的功能，让儿童选出我们所需要的，如"帮我找出能切东西的物品""帮我找出吃饭用的物品等"。

如何教孩子认识颜色？

教孩子认识颜色的活动可参考：

1. 送玩具回家

用具：多张彩纸，玩具。

方法：让儿童根据玩具的颜色，把玩具放到同样颜色的彩纸上。

2. 颜色命名

用具：彩色积木。

方法：家长在教儿童颜色命名时，可以利用形象记忆来教。比如红色—苹果、黄色—香蕉、蓝色—天空等。

3. 头脑风暴

家长请儿童观察屋内的环境，或回想自己见过的事物，让儿童说出红色的物品有什么，蓝色的物品有什么，等等。

如何教孩子认识形状?

教孩子认识形状的活动可参考:

1. 形状识别

用具:形状板,如下图所示。

方法:让儿童把特定形状的小板放回相对应的凹槽中。形状板可以是下左图所展示的类型,也可以是水果、交通工具等类型。随着儿童的能力提升,可以将形状板换成下右图这种类型。

2. 生活应用

在儿童可以说出形状之后,可以结合生活中常见的物品,来帮助他们加深对形状的认知。家长可以问儿童"太阳/月亮/手机/饼干……是什么形状的?",也可以问儿童"圆形/三角形/长方形……的东西有什么?"。

如何帮孩子建立比较概念?

帮孩子建立比较概念的活动可参考:

🌱 **1. 比较大小**

用具:大小不一的物品。

方法:让儿童通过观察来感知物品的大小,比较物品的大小,最终知道大小的概念。

🌱 **2. 比较快慢**

用具:1个玩具跑道,2辆玩具小汽车。

方法:在玩具跑道上推玩具小汽车,进行一场赛车游戏。家长可以慢慢地推,让儿童快快地推,然后让儿童说出谁的车跑得快,谁的车跑得慢。

🌱 **3. 绘画**

用具:2张空白A4纸,彩色笔。

方法:如果儿童画画还不熟练,家长可以带着儿童一边画一边说,比如:"我们画一个大大的太阳,再画一个小小的太阳""我们画一棵高高的树,再画一棵矮矮的树"……画完,家长可以问儿童"你想涂大大的还是小小的",然后进行涂色。

如何培养孩子的数字概念？

培养孩子数字概念的活动可参考：

1. 找位置

用具：印有数字符号的纸（1—9），9个毛绒玩具。

方法：场景可以假设为电影院。家长告诉儿童"小兔子坐在2号位置""斑马坐在8号位置"等，让儿童帮它们找到自己的座位。

2. 购物

用具：蔬菜水果等模型。

方法：模拟购物的场景，家长当顾客，儿童当老板。家长说要2根胡萝卜，儿童能拿出2根胡萝卜；家长说要1个西红柿，儿童能拿出1个西红柿……

如何培养孩子的顺序概念？

培养孩子顺序概念的活动可参考：

1. 事件排序

用具：准备如下图所示的卡片。

方法：将卡片顺序打乱，让儿童根据事件发生的顺序排序。卡片内容要贴近儿童的生活。

2. 套杯

用具：准备如下图所示的玩具套杯。

方法：让儿童将套杯按照从大到小的顺序堆叠起来。也可以让儿童把套杯收纳起来，即把小的套杯装进大的里面。

如何培养孩子的时间概念？

培养孩子时间概念的活动可参考：

1. 我在家的一天（上午、中午、下午、晚上）

用具：图片，图片内容为儿童在家的一天里通常会做的事情。

方法：将图片的顺序打乱，让儿童自己来排一下，看看自己一天都干了什么。比如：上午起床穿衣、洗漱、吃早饭、户外活动，中午回家吃饭……也可以让儿童讲一讲，自己在幼儿园的一天里都干了什么。

2. 认识钟表

用具：钟表1个。

方法：家长可以教儿童认识短针（时针）、长针（分针）。观察整点、半点时表针的特点，如12点，短针和长针都会指向12。此活动也可与上面"我在家的一天"活动结合，比如早上7点起床、7点半吃饭等。

3. 四季变化

用具：多张四季风景的图片。

方法：家长告诉儿童一年都有哪四季，然后开始用图片展示每个季节的特点，比如春天小树发芽，小花开了，天气变暖了……把四个季节都展示一遍，问儿童现在是哪个季节，他是怎么判断出来的。问题可以延伸一下：问儿童喜欢哪个季节，为什么，等等。

如何建立孩子的空间感？

建立孩子空间感的活动可参考：

1. 指认方位

家长可以让儿童在家里帮忙整理房间，让儿童把某件物品放到指定的地方。比如：请你把球放到袋子里，请你把汽车放到桌子的上面/下面等。

2. 积木搭建

用具：一盒积木。

方法：刚开始的时候，家长先自己搭积木，边搭边说"我把红色的积木放到了蓝色的上面，把黄色的积木放到了蓝色的旁边"等，之后请儿童来做。如果儿童不能自己描述当前的行为，就由家长说，儿童仿说。等熟练后，可以让儿童按照家长的要求做，比如把蓝色的积木放到紫色的上面，把黄色的积木放到蓝色的下面等。

如何建立孩子的符号概念？

建立孩子符号概念的活动可参考：

🌱 1. 垃圾分类

用具：带有垃圾分类标识的小桶各1个，印有特定种类垃圾如果皮、纸屑、电池等的图片。

方法：请儿童将这些垃圾的图片放到对应类型的垃圾桶中，如香蕉皮要放到湿垃圾桶中，电池要放到有害垃圾桶中，等等。

2. 我是天气播报员

用具：如下图所示的图片若干张，一张纸板。

方法：家长与儿童一起来"播报"今日各地的天气。家长说"今天北京小到中雨"，儿童要把表示小到中雨的图片找出来，放到纸板上。双方也可以互换角色，轮流当播报员。

3. 安全教育

用具：安全标识牌图片。

方法：家长讲解标识牌上的信息。也可以与孩子一起画出安全标识牌。

如何提升孩子的逻辑推理能力？

提升孩子逻辑推理能力的活动可参考：

1. 我是大侦探

用具：画有物品的卡片。

方法：让儿童根据家长口述的信息，找出对应的卡片。如：它是一种食物，它的表皮红红的，它是一种水果……

2. 颜色推理

用具：一盒彩色积木。

方法：家长先按照红色、黄色、红色这样的顺序摆出三块积木，让儿童摆接下来要摆的那个颜色的积木。颜色推理可以根据儿童的能力调整难度，如：先是红黄交错的模式，再到红黄蓝、红黄蓝白等。也可以将颜色推理换成形状推理等。

3. 猜猜她/他要去哪里

用具：如下图所示的卡片。

方法：让儿童根据卡片上人物的衣着和需要，设想一下他们要去哪里。比如：第一幅图中的女孩儿穿着泳衣，由此可知她要去游泳；第四幅图中的男孩腿上打着石膏，由此可知他要去医院等。

第二节 适应行为的障碍

一、家庭适应

如何帮助孩子建立独立进食能力？

独立进食能够帮助智力残疾儿童提高生活质量，让他们能够更好地照顾自己，并在日常饮食中获得更多的乐趣和满足感。在家庭中培养智力残疾儿童独立进食能力是一个渐进的过程，以下方法可以帮助家长实现这一目标：

（1）为孩子提供适当的餐具和食物，并给予充分的支持和指导。

（2）为孩子创造良好的进食环境，也要给予足够的时间和耐心。

（3）逐步帮孩子提高独立性，同时考虑到孩子的特殊需求。

小妙招

平时生活中的一些活动，我们可以分步骤进行练习。
训练内容：撕开食物的包装。
训练材料：密封包装的食物。
训练目标：
（1）孩子有撕开包装袋的意识，家长示范以后，尝试让孩子独立完成。
（2）孩子能独立撕开包装袋。
训练方法：
（1）家长示范将食物包装袋撕开。
（2）家长握着孩子的手，教孩子撕开包装袋。
（3）提示孩子自己用双手大拇指、食指捏住包装袋的袋口，用力撕开包装袋。

如何帮助孩子建立穿脱衣物的能力？

独立穿脱衣物的能力是日常生活自理能力的重要组成部分。那么在家庭中，如何培养智力残疾儿童独立穿脱衣服的能力呢？以下方法可以帮助实现这一目标：

1. 提供适当的衣服和鞋子，并且示范和指导

为智力残疾儿童提供适合他们的衣服和鞋子，例如易于穿脱的拉链或按扣型衣服、轻便舒适的鞋子等，以便他们更容易地学会独立穿脱衣服。

2. 分解步骤，逐步教授，并且及时表扬和鼓励

将穿脱衣服的步骤分解为更小的步骤，并逐步教授给孩子。例如，先教他们如何将衣服从衣柜中取出，然后教他们如何将衣服正确地穿上身，再教他们如何系扣子等。孩子自己穿脱衣服的一般训练步骤是：

（1）先训练脱衣，再训练穿衣。

（2）先用别人宽大的衣服训练孩子穿脱。

（3）学会后，再训练孩子穿脱自己的衣服。

家长可根据孩子的能力水平，采用小步骤训练法，把穿脱衣服的全过程分解成若干小步骤进行训练。当智力残疾儿童成功地独立完成一个小步骤时，家长就应该及时给予鼓励和表扬，让他们感受到自己的进步和成功。

3. 逐步增强独立性

随着智力残疾儿童穿脱衣服的能力逐渐提高，家长可以逐步减少辅助，增强儿童的独立性，例如逐渐减少对他们的帮助和指导，让他们逐渐掌握更多的自主穿脱衣服的技能。

4. 提供辅助器具

训练儿童穿脱衣服能力的一个重要内容是系鞋带和扣纽扣。可利用教具如穿脱技能综合训练板、扣纽扣训练板和系鞋带训练板等进行训练。儿童在训练板上熟练地掌握了相关技能，在实际应用时也能很快学会。

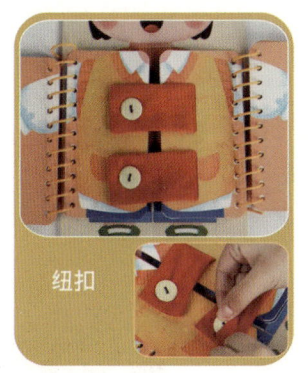
纽扣

系衣服

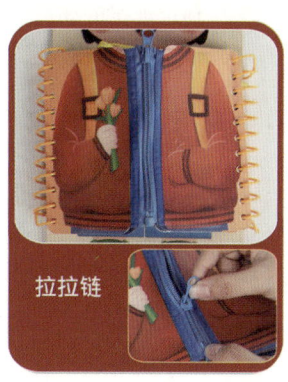
拉拉链

小妙招

工作分析法——正向连锁法或反向连锁法

练习独立穿脱衣服最常用的方法是工作分析法，此方法有两种形式：

（1）顺序法（正向连锁法）：按照工作的步骤，从第一步开始训练。完成第一步后，再训练第二步，直至最后一步。例如教穿袜子时，先将脚尖套进袜子，然后将袜子拉至脚跟，再将袜子拉过脚跟，最后教孩子将袜子从脚跟往上拉好。

（2）倒序法（反向连锁法）：按照工作的步骤，从最后一步开始。完成这一步后，再倒退教前一步，直至第一步。例如教穿袜子时，先由家长将袜子穿过脚跟，然后教孩子将袜子往上拉。学会后再由家长将袜子穿至脚跟，然后教孩子将袜子拉过脚跟并往上拉好。依此类推，最后教孩子将脚尖套进袜子并完成后面的动作。

如何帮助孩子建立如厕能力？

独立如厕能促进孩子的生理健康、提高其生活质量、促进社交互动、培养自我管理能力和增强独立性。家长应该重视这一过程，并提供必要的支持和帮助，以下方法可以帮助实现这一目标：

1. 提供适当的设备和设施

为智力残疾儿童提供适当的设备和设施，例如适合他们使用的坐便器、便盆或尿布等，以帮助他们更容易地掌握如厕的技能。

2. 制定规律的如厕时间

例如每隔一段时间就带孩子去厕所尝试如厕，帮助他们逐渐养成如厕的习惯。

3. 示范和指导

家长应该向智力残疾儿童示范正确的如厕方法和步骤，例如如何正确地使用坐便器或便盆、便后如何擦拭等。在初始阶段，家长需要提供必要的支持和帮助，例如：在孩子需要时给予协助、帮助他们擦拭等。随着智力残疾儿童如厕能力的提高，家长可以逐步提高他们的独立性，例如逐渐减少对孩子的帮助和指导，让他们逐渐掌握更多的自主如厕技能。

4. 建立良好的激励机制

当孩子成功地完成如厕任务时，给予他们适当的鼓励和赞扬，让他们感受到自己的进步和成就。

如何帮助孩子建立自我清洁能力？

自我清洁能力不仅包括洗脸、洗手、刷牙、洗澡，还包括擦嘴、擦鼻涕及定期更换衣物和内衣。这些基本的个人卫生习惯不仅有助于保持他们的身体健康，还能够改善他们的仪容仪表。怎么帮助孩子建立自我清洁能力呢？以刷牙为例：

1. 训练时可用工作分析法

顺序法（正向连锁法）：依照工作步骤，从第一步开始训练（如用手拿好牙刷），完成第一步之后再训练第二步（把牙刷放入口内，左右移动刷牙），直至最后一步（"咕噜咕噜"漱口，吐出水）。

倒序法（反向连锁法）：依照工作步骤，从最后一步开始，完成这一步后再倒退教前一步，直至第一步。此方法根据儿童的情况来定。

2. 多利用生活情景来进行练习

我们可以在晚上睡觉前和早上起床后，和孩子一起刷牙，每天进行，反复练习，每天进步一点点，熟练一点点，这样，儿童刷牙才会越来越娴熟。

小妙招

儿歌法

儿歌《小牙刷》："小牙刷，真重要，人人刷牙离不了；刷里面，刷外面，上下左右全刷到；天天刷，牙齿好，牙膏乐得变泡泡。"告诉儿童"我们一起来刷牙"。成人讲解刷牙的动作，帮儿童用小手拿好牙刷，放在牙齿上，左右刷刷、上下刷刷、里外刷刷，并做示范。

注意：刷牙时根据儿童的情况，不要让儿童将牙膏和水吞入肚内，如果儿童做得不太好，可改用加少量食盐的温开水来代替牙膏。

如何帮助孩子建立居家安全意识？

智力残疾儿童是一个需要特别关注和照顾的群体，他们由于自身的生理和心理特点，更容易受到伤害。帮助他们建立居家安全意识是非常重要的，这有助于他们更好地适应生活，避免意外伤害。那么需要在哪些方面帮助智力残疾儿童建立居家安全意识呢？

1. 火灾安全

火灾是家庭中最为常见的意外事故之一。对于智力残疾儿童来说，了解火灾的危害和如何预防尤为重要。家长应该向孩子讲解火灾的起因和危害，并告诉他们如何预防火灾。同时，应指导他们如何正确使用灭火器和其他应急设备，以提高他们的防火意识和自救能力。

2. 电器安全

电器是家庭中不可或缺的物品，但同时也存在一定的安全隐患。家长需要向孩子讲解电的危害性以及如何正确使用电器。例如，不随意拆卸电器、不随意触摸电源插座等，以避免孩子因接触电器而发生危险。

3. 厨房安全

厨房是家庭中的危险区域之一，尤其是对于智力残疾儿童来说。家长需要向孩子讲解如何正确使用厨房设备，例如炉灶、刀具等。

4. 防盗安全

智力残疾儿童由于自身的生理和心理特点，更容易成为犯罪分子的目标。家长需要向孩子讲解如何识别陌生人，以及在遇到陌生人时应该采取的行动。同时，应将贵重物品存放在孩子无法触及的地方，以避免被盗。

5. 卫生间的安全

卫生间的安全也是家庭安全的重要环节。家长需要向孩子讲解如何正确使用卫生间的设施，例如马桶、淋浴头等。同时，应指导他们如何防止滑倒、摔伤等意外事件的发生。

6. 楼梯和门的安全

智力残疾儿童在行动上可能存在一定的困难，因此在家庭中需要特别注意他们的安全。家长需要确保楼梯和门都安装有安全设施，例如扶手和防夹装置等，以避免孩子发生意外。

7. 宠物和动物的安全

家庭中如果有宠物或动物，也需要特别注意它们对智力残疾儿童的威胁。家长需要确保宠物或动物不会对孩子造成伤害，例如通过指导孩子如何与动物相处、确保动物不会攻击孩子等措施来保证孩子的安全。

8. 与家人走散时的安全

智力残疾儿童在公共场所与家人走散时，容易受到不必要的伤害。家长需要向孩子讲解这个时候应该采取哪些正确的行动，例如不要随意跟陌生人走，要寻找工作人员帮助。平时让孩子记住家庭住址、电话号码，也可以让孩子随身佩戴电子手表等有定位功能的设备。

二、学校适应

如何帮助孩子了解学校的一日活动？

以下方法可以帮助家长和孩子提前了解学校一日活动的流程和内容：

1. 制定日常生活计划

家长可以与孩子一起制定日常生活计划，将一天的活动安排按照时间顺序记录下来，包括起床、早餐、学习、游戏、午餐、阅读、户外活动等。通过这种方式，孩子可以提前了解与习惯一天的安排，并为入学后适应学校的一日活动做准备。

2. 参观学校

在孩子入学前，家长可以带着孩子参观学校，了解学校的环境、设施和一日活动的安排。让孩子熟悉学校的教学楼、教室、操场等场所，并介绍一些日常规则和注意事项。

3. 与老师沟通

家长可以提前与孩子的老师进行沟通，了解学校的一日活动安排和教学计划，并询问老师是否有特殊的要求和注意事项。家长可以将这些信息告知孩子，让他们有所了解。

4. 参与课堂活动

在孩子入学后，家长应尽可能多地参与孩子的课堂活动，了解孩子的学习内容和老师的教学方式。家长可以帮助孩子预习和复习知识点，提高孩子的学习兴趣和能力。

5. 开展课外活动

除了学校的日常活动外，家长可以安排一些课外活动，例如参观博物馆、动物园等，让孩子接触更多的新鲜事物，提高他们的认知和社交能力。